RÉCITATION

CHOIX D'EXERCICES DE MÉMOIRE

PAR

CAUMONT

AUTEUR DES LECTURES COURANTES DES ÉCOLIERS FRANÇAIS

PARIS

LIBRAIRIE CH. DELAGRAVE

58, RUE DES ÉCOLES, 58.

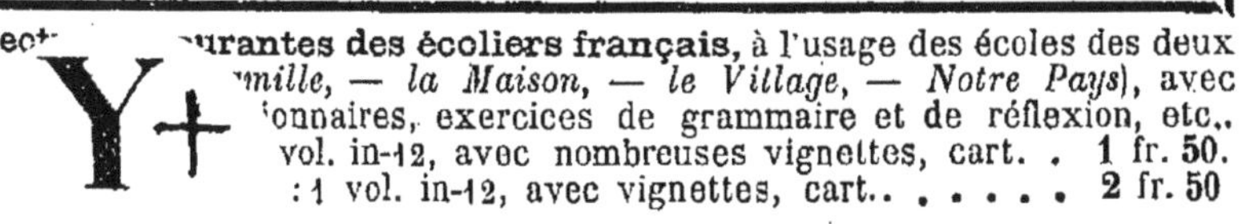

RÉCITATION

CHOIX D'EXERCICES DE MÉMOIRE

PAR

CAUMONT

AUTEUR DES LECTURES COURANTES DES ÉCOLIERS FRANÇAIS

PARIS

LIBRAIRIE CH. DELAGRAVE

58, RUE DES ÉCOLES, 58.

1875

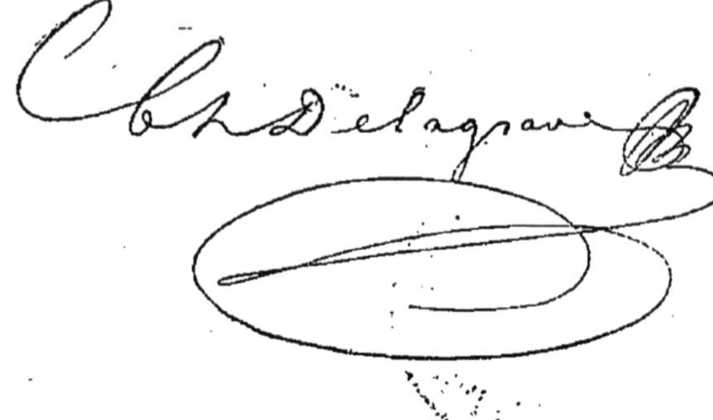

AVERTISSEMENT.

Il est d'usage, dans les classes élémentaires, de faire réciter aux enfants, au moins une fois par semaine, une fable ou quelque autre petit morceau de poésie. Cet exercice, prescrit d'ailleurs par la Circulaire ministérielle du 18 novembre 1871 sur l'organisation de l'enseignement dans les écoles primaires publiques, a pour principaux avantages de fixer l'attention des plus jeunes enfants, de cultiver leur mémoire et d'éveiller en eux le raisonnement.

Malheureusement la plupart des recueils de morceaux choisis, fabliers, etc., ne peuvent, vu leur prix relativement élevé, être mis entre les mains de tous les jeunes enfants. Le maître, qui seul tient l'exemplaire, a la peine de faire apprendre les morceaux en les récitant à haute voix. Il y a là tout à la fois une cause de fatigue pour lui, une perte de temps pour toute la classe, et, somme toute, une méthode défectueuse.

Nous avons essayé de remédier à ces inconvénients.

Nous avons pensé que l'on nous saurait gré de grouper les morceaux les plus propres à la récitation en un seul recueil d'un prix assez modique pour qu'il pût être distribué à tous les enfants de la petite classe, auxquels il servirait aussi de *Livre de lecture*.

Pour composer ce recueil, nous avons fait appel à l'obligeance d'un certain nombre d'instituteurs et d'institutrices, qui ont bien voulu nous communiquer les titres des morceaux affectés depuis deux ou trois ans à la récitation dans leurs petites classes.

Notre rôle s'est réduit à prendre dans cette abondance choisie des morceaux de toutes les dimensions, de caractères variés, de rhythmes différents, et à les disposer, autant que possible, dans un ordre de longueur et de difficultés croissantes. Nous avons donné, comme on le verra, des morceaux d'un sentiment touchant et d'autres gais ; des pièces dont le dialogue exige de la diversité dans les intonations, une sorte de mimique ; d'autres, d'un style religieux, qui doivent être dits avec recueillement, etc. A côté de morceaux classiques tirés de Racine, de la Fontaine, de Florian, etc., on rencontrera des morceaux empruntés à des auteurs contemporains : certains maîtres avaient eu la bonne fortune de les découvrir et l'heureuse idée de les appliquer à leur enseignement.

Ce recueil, nous pouvons l'assurer, convient indistinctement à toutes les écoles de garçons et de filles.

Il est bien rare que l'on fasse apprendre de la prose aux enfants de la petite classe : nous avons respecté cet usage qui, d'ailleurs, nous paraît fort rationnel.

RÉCITATION

CHOIX D'EXERCICES DE MÉMOIRE

---

1. — Prière du tout petit Enfant.

Mon Dieu, pour être heureux tu m'as mis sur la terre,
Tu sais bien mieux que moi quels sont mes vrais besoins ;
Le cœur de ton enfant s'en rapporte à tes soins ;
Donne-moi les vertus qu'il me faut pour te plaire.

(MOREL DE VINDÉ.)

---

2. — Le Dindon et la Pie.

Un gros dindon demandait à Margot :
« Que disait-on de moi l'autre jour au village ?
— On disait que tu n'es qu'un sot
Qui n'a pour soi qu'un vain plumage. »

(LE BAILLY.)

---

3. — L'Ange gardien

Veillez sur moi quand je m'éveille,
Bon ange, puisque Dieu l'a dit ;
Et chaque nuit quand je sommeille,
Penchez-vous sur mon petit lit.

Ayez pitié de ma faiblesse,
A mes côtés marchez sans cesse ;
Parlez-moi le long du chemin,
Et, pendant que je vous écoute,
De peur que je ne tombe en route,
Bon ange, donnez-moi la main.

(Mme TASTU.)

4. — L'Ane et les Voleurs.

Pour un âne enlevé deux voleurs se battaient ;
L'un voulait le garder, l'autre le voulait vendre.
   Tandis que coups de poing trottaient,
Et que nos champions songeaient à se défendre,
   Arrive un troisième larron
   Qui saisit maître Aliboron.

(LA FONTAINE.)

5. — La Lanterne et la Chandelle.

Une chandelle un jour disait à la lanterne :
« Pourquoi de ton foyer me faire une prison?
Ton vilain œil-de-bœuf rend ma lumière terne :
Ouvre-toi ; qu'à mon gré j'éclaire l'horizon. »
La lanterne obéit ; l'autre, qu'y gagna-t-elle?
Bonsoir ! un coup de vent a soufflé la chandelle.

(LE BAILLY.)

6. — L'Orange.

Un jeune enfant mordait dans une orange :
   « Oh ! s'écria-t-il en courroux,

Le maudit fruit ! se peut-il qu'on le mange !
Qu'il est amer ! on le disait si doux !
— Faux jugement, lui répondit son père :
    Otez cette écorce légère,
    Vous reviendrez de votre erreur. »
Ne jugeons pas toujours sur un dehors trompeur.

(FLORIAN.)

7. — Image de la Vie.

« Où va le volume d'eau
Que roule ainsi ce ruisseau ?
Dit un enfant à sa mère.
Sur cette rive si chère
D'où nous le voyons partir,
Le verrons-nous revenir ?
— Non, mon fils ; loin de sa source
Ce ruisseau fuit pour toujours,
Et cette onde, dans sa course,
Est l'image de nos jours. »

(Mme TASTU.)

8. — Le Houx.

Par le houx épineux un jeune enfant blessé
A son père, en pleurant, racontait sa disgrâce :
« Ce maudit arbrisseau, de dards tout hérissé,
Dans ce joli bosquet devrait-il trouver place ?

A quoi cela sert-il ? A piquer les passants !
— A donner quelquefois des leçons de prudence ;
A vous prouver, mon fils, par votre expérience,
    Qu'il faut s'éloigner des méchants. »

(Bressier.)

9. — L'Enfant et le Chat.

Tout en se promenant, un bambin déjeunait
    De la galette qu'il tenait.
Attiré par l'odeur, un chat vient, le caresse,
    Fait le gros dos, tourne et vers lui se dresse :
— Oh ! le joli minet ! Et le marmot charmé
Partage avec celui dont il se croit aimé.
Mais le flatteur à peine obtient ce qu'il désire,
    Qu'au loin il se retire.
« Ah ! ah ! ce n'est pas moi, dit l'enfant consterné,
    Que tu suivais ; c'était mon déjeuné. »

(Guichard.)

10. — Le Pinson et la Pie.

    « Apprends-moi donc une chanson, »
    Demandait la bavarde pie
    A l'agréable et gai pinson,
Qui chantait au printemps sur l'épine fleurie.
    « Allez, vous vous moquez, ma mie ;
— A gens de votre espèce, ah ! je gagerais bien
    Que jamais on n'apprendra rien

— Eh quoi! la raison, je te prie?
Mais c'est que pour s'instruire et savoir bien chanter,
Il faudrait savoir écouter,
Et jamais babillard n'écouta de sa vie. »

(Mme DE LA FÉRANDIÈRE.)

---

11. — La Diligence.

Clic! clac! clic! holà! gare! gare!
La foule se rangeait,
Et chacun s'écriait :
Peste! quel tintamarre!
Quelle poussière! Ah! c'est un grand seigneur!
— C'est un prince du sang. — C'est un ambassadeur!.
La voiture s'arrête; on accourt, on s'avance :
C'était... la diligence!
Et... personne dedans :
Du bruit, du vide. Amis, voilà, je pense,
Le portrait de beaucoup de gens.

(GAUDY.)

---

12. — Le Singe et la Noix.

Le singe autrefois
Trouvant une noix
Encor recouverte
De l'écorce verte,
Et l'en dépouillant
Très-patiemment

1.

Dit : « Qu'elle est amère !
Mais consolons-nous :
Le fruit qu'elle enserre
En sera plus doux. »
Jeunesse volage,
Méditez ceci :
L'étude, à votre âge,
Est amère aussi;
Mais prenez courage
Et, dans peu de temps,
Vous direz, je gage :
— Ses fruits sont charmants.

(Blondeau de Commercy.)

13. — Le Chien et le Chat.

Pataud jouait avec Raton;
Mais sans gronder, sans mordre, en camarade, en frère;
Les chiens sont bonnes gens, mais les chats, nous dit-on,
Sont justement tout le contraire.
Aussi, bien qu'il jurât toujours
D'avoir fait patte de velours,
Raton (et ce n'est pas une histoire apocryphe)
Dans la peau d'un ami, comme fait maint plaisant,
Enfonçait, tout en s'amusant,
Tantôt la dent, tantôt la griffe.

Pareil jeu dut cesser bientôt :
— Eh quoi ! Pataud, tu fais la mine ?
Ne suis-je pas ton bon ami ?
—Prends un nom qui convienne à ton humeur maligne,
Raton ; ne sois rien à demi.
J'aime mieux un franc ennemi
Qu'un bon ami qui m'égratigne.

(ARNAULT.)

14. — Conseils à un Enfant.

Commence seulement, commence avec courage ;
Des obstacles enfin tu seras triomphant.
Obtiens que l'Éternel bénisse ton ouvrage ;
Offre à Dieu tes efforts et deviens son enfant.

Le matin, quand du lit tu sors avec l'aurore,
Le soir, quand le besoin t'invite au doux sommeil,
Dis-lui du fond du cœur : « Dieu bon, Dieu que j'adore,
Dirige mon travail, mon repos, mon réveil. »

Ah ! si ton cœur est pur, si ton zèle est sincère,
Le Ciel, n'en doute pas, exaucera tes vœux.
Oui, mon fils, l'Éternel, touché de ta prière,
T'enverra le bonheur des enfants vertueux.

(FRANÇOIS DE NEUFCHATEAU.)

15. — Le Relais.

Trois enfants s'amusaient en bonne intelligence.
On jouait à la diligence.

Max dit à Marcelin : — Je suis le postillon,
Veux-tu ? Je conduirai la malle de Lyon ;
Tu seras les chevaux, et Paul, assis par terre,
Trop petit pour courir, nous regardera faire.
— Je ne veux pas, dit Paul ; qu'est-ce que je serais ?
Vous regarder courir, cela n'est pas bien drôle.
— Sais-tu ? répondit Max, tu seras le relais.
Lors petit Paul s'assit, enchanté de son rôle.
Vous aviez deviné, grand Max ! le cœur humain.
Petit ou grand, il faut, pour n'être pas morose,
Pouvoir dire : « Je suis ou je fais quelque chose, »
Ne fût-on qu'une borne au milieu du chemin !

(RATISBONNE.)

---

16. — Le Paon, les deux Oisons
et le Plongeon.

Un paon faisait la roue, et les autres oiseaux
    Admiraient son brillant plumage.
Deux oisons nasillards, du fond d'un marécage,
    Ne remarquaient que ses défauts.
— Regarde, disait l'un, comme sa jambe est faite,
    — Comme ses pieds sont plats, hideux.
— Et son cri, disait l'autre, est si mélodieux
    Qu'il fait fuir jusqu'à la chouette.
Chacun riait alors du mot qu'il avait dit.
    Tout à coup un plongeon sortit :

— Messieurs, leur cria-t-il, vous voyez d'une lieue
Ce qui manque à ce paon : c'est bien voir, j'en conviens.
Mais votre chant, vos pieds sont plus laids que les siens,
    Et vous n'aurez jamais sa queue.

(FLORIAN.)

---

17. — L'Oreiller d'un Enfant.

Cher petit oreiller ! doux et chaud sous ma tête,
Plein de plume choisie, et blanc, et fait pour moi;
Quand on a peur du vent, des loups, de la tempête,
Cher petit oreiller, que je dors bien sur toi!

Beaucoup, beaucoup d'enfants, pauvres, nus et sans mère,
Sans maison, n'ont jamais d'oreiller pour dormir;
Ils ont toujours sommeil ! O destinée amère !
Maman, douce maman ! cela me fait gémir.

Et quand j'implore Dieu pour tous ces petits anges
Qui n'ont point d'oreiller, moi j'embrasse le mien ;
Seule dans mon doux lit, qu'à tes pieds tu m'arranges,
Je te bénis ma mère ! et je touche le tien.

Je ne m'éveillerai qu'à la lueur première
De l'aube au rideau bleu; c'est si gai de la voir !
Je vais dire tout bas ma plus tendre prière ;
Donne encore un baiser, bonne maman ! bonsoir !

(Mme DESBORDES VALMORE.)

2

18. — La Fève.

Hier, j'étais roi. Cette petite fève,
Vrai talisman caché dans mon gâteau,
M'a proclamé. Mais ce n'était qu'un rêve.
Rêve enchanteur : je m'éveille trop tôt.

Hier, j'étais roi! Mais, hélas! sur la terre,
Aux plus beaux jours Dieu met un lendemain :
Mon trône d'or, ma couronne éphémère,
J'ai tout cela dans le creux de ma main.

Hier j'étais roi! roi d'un festin, qu'importe!
Mais j'étais roi : ce titre était le mien,
J'avais la joie et l'orgueil qu'il apporte;
Dans ce beau jour j'avais tout... et puis rien.

(Anatole Courris.)

---

19. — La Bonbonnière.

A la discrétion de ses petits enfants,
   Sur la table une bonne mère,
   Avait laissé sa bonbonnière.
   Doit-on ainsi tenter les gens ?
   L'un d'eux y puise sans scrupule ;
   Le bambin croque à belles dents ;
   Mais que prend-il? Une pilule.
   Bientôt un petit mal au cœur...

Le larcin est clair... tout l'annonce.
Le lit, la diète, la semonce,
Vont punir le petit voleur.
La friandise est souvent corrigée.
Gardons-nous de l'esprit malin :
Il nous présente la dragée,
Et nous donne le chicotin.

(Du Tremblay.)

20. — Prière pour les petits enfants.

Notre Père des cieux, père de tout le monde,
De vos petits enfants c'est vous qui prenez soin ;
Mais à tant de bonté vous voulez qu'on réponde
Et qu'on demande aussi, dans une foi profonde,
    Les choses dont on a besoin.

Vous m'avez tout donné, la vie et la lumière,
Le blé qui fait le pain, les fleurs qu'on aime à voir,
Et mon père et ma mère, et ma famille entière.
Moi, je n'ai rien pour vous, mon Dieu, que la prière
    Que je vous dis matin et soir.

Notre Père des cieux, bénissez ma jeunesse.
Pour mes parents, pour moi, je vous prie à genoux
Afin qu'ils soient heureux, donnez-moi la sagesse ;
Et puisse leur enfant les contenter sans cesse,
    Pour être aimé d'eux et de vous !

(Mme Amable Tastu.)

21. — **Le Lion et le Rat.**

Il faut, autant qu'on peut, obliger tout le monde :
On a souvent besoin d'un plus petit que soi.
De cette vérité deux fables feront foi,
    Tant la chose en preuves abonde.
    Entre les pattes d'un lion
Un rat sortit de terre assez à l'étourdie.
Le roi des animaux, en cette occasion,
Montra ce qu'il était et lui donna la vie.
    Ce bienfait ne fut pas perdu.
    Quelqu'un aurait-il jamais cru
    Qu'un lion d'un rat eût affaire?
Cependant il advint qu'au sortir des forêts,
    Ce lion fut pris dans des rets,
Dont ses rugissements ne le purent défaire.
Sire rat accourut, et fit tant par ses dents
Qu'une maille rongée emporta tout l'ouvrage.
    Patience et longueur de temps
    Font plus que force ni que rage.

(LA FONTAINE.)

22. — **Devenir grand.**

Un père à ses enfants parlait de l'avenir.
— Dites-moi ce qu'un jour, vous voulez devenir.
Voyons, toi d'abord, Charle! Or Charle était un brave
Et, brandissant en l'air son grand sabre de bois :

— Je deviendrai soldat, criait-il, et zouave !
Albert qui conduisait deux chaises à la fois,
— Je deviendrai cocher, dit-il, d'une voix grave.
— Et toi, mon petit Paul ? Petit Paul accourant :
— Ça m'est égal, pourvu que je devienne grand !
    — C'est fort bien parlé, dit le père ;
    Tu deviendras grand, je l'espère.
Les deux frères riaient, mais le père reprit :
— Oui, beau cocher, et toi, mon sergent de bataille,
Il faut, quelque avenir que le destin vous taille,
Vouloir devenir grand, non pas grand par la taille,
    Mais par le cœur et par l'esprit.

(RATISBONNE.)

23. — L'Écolier, l'Abeille et l'Absinthe.

    — Que fais-tu donc sur cette plante ?
Disait un écolier paresseux et mutin,
    A l'ouvrière diligente
    Qui butinait de grand matin.
— Du miel. — Y penses-tu ? Quoi, du miel de l'absinthe ?
— Sans doute. — Ah ! pour le coup, c'est te moquer de moi !
De ton rare talent, à te parler sans feinte,
    Tu fais, ma chère, un sot emploi.
    — Ainsi l'âge de l'ignorance
    Toujours juge à tort, à travers !
    Quand mon utile prévoyance
    De cette plante aux sucs amers

Tire un miel aussi doux que celui de la rose,
Du travail, mon ami, c'est la métamorphose.
Mets à profit, crois-moi, la leçon d'aujourd'hui :
    Pour la trop paresseuse enfance
    L'absinthe est la peine et l'ennui
    Qu'un long travail traîne après lui ;
Le miel, c'est le doux fruit que produit la science.

(NAUDET.)

24. — L'Heureuse Éducation.

    O bienheureux mille fois
    L'enfant que le Seigneur aime,
    Qui de bonne heure entend sa voix,
Et que ce Dieu daigne instruire lui-même !
    Tel en un secret vallon,
    Sur les bords d'une onde pure,
    Croît, à l'abri de l'aquilon,
Un jeune lis, l'amour de la nature ;
Loin du monde élevé, de tous les dons des cieux
    Il est orné dès son enfance,
    Et du méchant l'abord contagieux,
    N'altère point son innocence.
    Heureuse, heureuse l'enfance,
Que le Seigneur instruit et prend sous sa défense
    O bienheureux mille fois
L'enfant que le Seigneur rend docile à ses lois !

(RACINE.

— 1)

25. — La Châtaigne.

Que l'étude est chose maussade !
A quoi sert de tant travailler ?
  Disait, et non sans bâiller,
Un enfant que menait son maître en promenade.
Que lui répondait-on ? Rien. L'enfant sous ses pas
Rencontre cependant une cosse fermée,
Et de dards menaçants de toutes parts armée.
  Pour la prendre il étend le bras.
  — Mon pauvre enfant, n'y touchez pas.
— Eh ! pourquoi ? — Voyez-vous mainte épine cruelle
Toute prête à punir vos doigts trop imprudents ?
— Un fruit exquis, Monsieur, est caché là-dedans.
— Sans se piquer peut-on l'en tirer ? — Bagatelle !
  Vous voulez rire, je crois :
Pour profiter d'une aussi bonne aubaine,
  On peut bien prendre un peu de peine,
  Et se faire piquer les doigts.
— Oui, mon fils ; mais de plus, que cela vous en-
  A vaincre les petits dégoûts   [seigne
  Qu'à présent l'étude a pour vous.
Ces épines aussi cachent une châtaigne.

(ARNAULT.)

---

26. — Le Nid.

De ce buisson de fleurs approchons-nous ensemble :
Vois-tu ce nid posé sur la branche qui tremble?

3*

Pour le couvrir vois-tu ces rameaux se ployer ?
Les petits sont cachés dans leur couche de mousse :
Ils sont tous endormis... Oh ! viens, ta voix est douce,
    Ne crains pas dé les effrayer.

De ses ailes encor la mère les recouvre.
Son œil appesanti se referme et s'entr'ouvre,
Et son amour longtemps lutte avec le sommeil;
Elle s'endort enfin... Vois comme elle repose !
Elle n'a pourtant rien qu'un nid sous une rose,
    Et sa part de notre soleil.

Vois, il n'est point de vide en son étroit asile :
A peine s'il contient sa famille tranquille ;
Mais là, le jour est pur et le sommeil est doux,
C'est assez ! elle n'est ici que passagère,
Chacun de ses petits peut réchauffer son frère,
    Et son aile les couvre tous,

(Émile Souvestre.)

27. — Le Laboureur et ses Enfants.

    Travaillez, prenez de la peine :
    C'est le fonds qui manque le moins.
Un riche laboureur, sentant sa mort prochaine,
Fit venir ses enfants, leur parla sans témoins.
— Gardez-vous, leur dit-il, de vendre l'héritage
    Que nous ont laissé nos parents :

Un trésor est caché dedans.
Je ne sais pas l'endroit ; mais un peu de courage
Vous le fera trouver ; vous en viendrez à bout.
Remuez votre champ dès qu'on aura fait l'août ;
Creusez, fouillez, bêchez, ne laissez nulle place
    Où la main ne passe et repasse.
Le père mort, les fils vous retournent le champ,
De çà, de là, partout, si bien qu'au bout de l'an
    Il en rapporta davantage.
D'argent point de caché ; mais le père fut sage
    De leur montrer, avant sa mort,
    Que le travail est un trésor.

(La Fontaine.)

---

28. — A la Vierge.

Avant que du Seigneur la sagesse profonde
Sur la terre et les cieux daignât se déployer,
Avant que du néant sa voix tirât le monde
Qu'à ce même néant sa voix doit renvoyer,
De toute éternité sa prudence adorable
Te destina pour mère à son Verbe ineffable,
A ses anges pour reine, aux hommes pour appui,
Et sa bonté dès lors élut ton ministère
Pour nous tirer du gouffre où notre premier père
Nous a d'un seul péché plongés tous avec lui.

(P. Corneille.)

29. — C'est à moi.

Deux sœurs se disputaient une belle poupée :
—C'est la mienne!—Du tout, te dis-je, elle est à moi :
Tu sais bien que la tienne a la tête coupée.
    Et chacune tirait à soi.

Qu'arriva-t-il? Hélas ! au bout d'une minute,
Cette belle poupée, objet de leur dispute,
    Était arrachée en morceaux ;
Le son coulait à flots de son corps en lambeaux,
    Et comme chacune s'entête,
Aux mains de toutes deux un morceau demeurant.
    L'une eut les pieds, l'autre la tête,
    Et voilà mes enfants pleurant.

    A qui la poupée était-elle?
    Je ne sais pas, mais je sais bien
    Ce que, sur le *mien*, sur le *tien*,
    Avait rapporté la querelle.

Au lieu de : *C'est à moi*, dites donc: *C'est à nous*,
Enfants ; c'est plus utile, et surtout c'est plus doux.

(RATISBONNE.)

---

30. — Le Serin et la Fourmi.

Un serin, choyé dans sa cage,
qui de ses barreaux voyait un étranger,

Pauvre moineau, qui cherchait à manger.
L'hiver avait raflé tout son petit ménage.
   Le bon serin voulait le soulager;
Mais il n'avait plus rien dans son garde-manger.
     Il déplorait son indigence
     Dans une triste doléance.
Comme il se lamentait, la fourmi l'entendit.
— Ah! dit-elle, mon fils, je vous l'avais prédit.
    Par ma foi, vous n'êtes pas sage!
      Force bon grain
      A votre usage
      Est mis en vain;
    Sans aucun soin du lendemain,
    Vous le jetez hors de la cage.
    Pleurez, pleurez bien, mon enfant;
    Apprenez par expérience
    Qu'on ne peut être bienfaisant
      Qu'en épargnant
      Sur son aisance.

---

31. — Grandeur et Puissance de Dieu.

Tout l'univers est plein de sa magnificence :
Qu'on l'adore, ce Dieu, qu'on l'invoque à jamais;
Son empire a des temps précédé la naissance;
    Chantons, publions ses bienfaits.

    En vain l'injuste violence
Au peuple qui le loue imposerait le silence;

Son nom ne périra jamais.
Le jour annonce au jour sa gloire et sa puissance.
Tout l'univers est plein de sa magnificence :
   Chantons, publions ses bienfaits.

Il donne aux fleurs leur aimable peinture ;
   Il fait naître et mûrir les fruits ;
   Il leur dispense avec mesure
Et la chaleur des jours et la fraîcheur des nuits.
Le champ qui les reçut les rend avec usure.
Il commande au soleil d'animer la nature,
   Et la lumière est un don de ses mains.
   Mais sa loi sainte, sa loi pure
Est le plus riche don qu'il ait fait aux humains.

(J. Racine.)

32. — Bergeronnette.

Pauvre petit oiseau des champs,
Inconstante bergeronnette,
Qui vòltiges, vive et coquette,
Et qui siffles tes jolis chants ;

Bergeronnette si gentille,
Qui tournes autour du troupeau,
Par les prés sautille, sautille,
Et mire-toi dans le ruisseau !

Va, dans tes gracieux caprices,
Becqueter la pointe des fleurs,

Ou poursuivre, aux pieds des génisses,
Les mouches aux vives couleurs.

Reprends tes jeux, bergeronnette,
Bergeronnette au vol léger ;
Nargue l'épervier qui te guette :
Je suis là pour te protéger.

Si haut qu'il soit je puis l'abattre...
Petit oiseau, chante !... et demain,
Quand je marcherai, viens t'ébattre,
Près de moi, le long du chemin.

C'est ton doux chant qui me console ;
Et je n'ai d'autre ami que toi :
Bergeronnette, vole, vole,
Bergeronnette, devant moi !

(Ch. Dovalle.)

33. — Le Pardon de l'Ange gardien.

L'ange qui sous son aile blanche
Daigne abriter vos premiers ans,
Vers vous avec amour se penche
Et regarde en votre âme, enfants !

En voyant que l'on n'est pas sage
(Amis, devenez sérieux !)
Il se voilera le visage
Et des pleurs empliront ses yeux.

Auprès de votre pauvre mère,
Petits, mettez-vous à genoux;
Rappelez-vous votre prière
Et consolez l'ange si doux.

Alors, d'un essor plus rapide,
Il montera vers le saint lieu
Déposer, modeste et timide,
Vos regrets auprès du bon Dieu.

Puis, redescendant à la brune,
Où ma voix vous endormira,
Dans un clair rayon de la lune,
L'ange aux yeux bleus vous bénira.

Il viendra vous bercer lui-même,
Et quand vos lèvres souriront,
C'est qu'il mettra, pardon suprême,
Un beau baiser sur votre front.

(Mme Dufaure.)

34.— L'Enfant et le Chien.

Gabriel, l'écolier, l'espiègle personnage,
Et le gourmand surtout (on sait que de son âge
    La gourmandise est le plus grand péché),
Dans une armoire, un jour, vit un gâteau caché.
Or, la tentation fut si forte, si forte,
Que d'une main furtive il entr'ouvrit la porte
Et saisit le gâteau. Du frauduleux repas
Médor seul fut témoin : Médor ne dormait pas.

l garda le silence en âme charitable.
A quelque temps de là, flairant sur une table
Un pain que par hasard on venait d'oublier,
Médor s'en régala sans se faire prier.
Gabriel l'aperçut : — Voleur abominable !
Le bien que l'on dérobe, est-ce donc notre bien ?
— C'est parler en Caton, lui répondit le chien ;
    Mais je n'ai pas perdu mémoire
De certain gros gâteau pris dans certaine armoire...
Gabriel, tu rougis !... Écoute, Gabriel :
Veux-tu que tes conseils ne soient jamais frivoles ?
    Garde qu'à tes paroles
Ta conduite ne donne un démenti formel. »

(LACHAMBEAUDIE.)

---

35. — L'Enfant et le Miroir.

Un enfant élevé dans un pauvre village
Revint chez ses parents et fut surpris d'y voir
    Un miroir.
    D'abord il aime son image,
Et puis, par un travers bien digne d'un enfant,
Lui fait une grimace et le Miroir la rend.
    Alors son dépit est extrême ;
    Il lui montre un poing menaçant,
    Il se voit menacé de même.
Notre marmot fâché s'en vient, en frémissant,

3**

Battre cette image insolente;
Il se fait mal aux mains. Sa colère en augmente,
Et, furieux, au désespoir,
Le voilà, devant ce miroir,
Criant, pleurant, frappant la glace.
Sa mère, qui survient, le console, l'embrasse,
Tarit ses pleurs, et doucement lui dit :
— N'as-tu pas commencé par faire la grimace
A ce méchant enfant qui cause ton dépit?
— Oui. — Regarde à présent : tu souris, il sourit;
Tu tends vers lui les bras, il te les tend de même;
Tu n'es plus en colère, il ne se fâche plus.
De la société tu vois ici l'emblème :
Le bien, le mal nous sont rendus.

(Florian.)

---

36. — Le Dindon.

Moi, je me pare,
Moi, je me carre;
Moi, je suis gras et beau !
Ma plume est noire;
Mon dos de moire,
De rubis est mon jabot.

Voyez ma tête,
Ma rouge aigrette !
Voyez, admirez tout !

L'écho s'apprête,
Il vous répète
Mon solennel glouglou.

Ma queue est-elle
Fournie et belle !
Voyez, c'est un soleil.
Tout brille et tremble :
Que vous en semble ?
Suis-je pas sans pareil ?

Elle frissonne ;
Elle rayonne,
Ma plume de velours !
Faites-moi place,
Et que je passe
Triomphant dans ma cour.

(Mlle Montgolfier.)

37. — Le Hanneton.

Hanneton qui sur tes ailes
Nous amènes le printemps,
C'est toi qui sais des nouvelles
Du muguet et du beau temps.

Dis-nous si les prés
De fleurs sont parés ;
Dis-nous si les bois
Ont repris leur voix.

Dis si les oiseaux
Ont des chants nouveaux,
Si le rossignol
Dit : « Fa, ré, mi, sol ! »

Viens, apporte dans la ville
Tes joyeux bourdonnements ;
Pauvre étourdi, sois tranquille,
Va, ne crains rien des enfants ;

Car j'ai respecté
Ton jour de gaîté ;
J'ai tant de plaisir
A pouvoir courir !
Vole en tournoyant,
Vole en bourdonnant,
Vole en rayonnant
Au soleil couchant,
Hanneton, qui sur tes ailes
Nous apportes le printemps.

(M{ᴵˡᵉ} Montgolfier.)

38. — Les Lunettes.

Jules s'ennuyait bien,
Car il ne savait rien,
Pas même lire !
Un jour qu'il était seul et ne pouvait pas rire,
Il se dit : « Voyons donc, je m'en vais voir un peu,
Puisque je ne sais pas quoi faire,

La belle histoire que grand mère
Lisait hier dans le livre bleu. »

Il va donc chercher dans l'armoire
Ce livre, et puis l'ouvre tout grand ;
Mais, bernique ! où donc est l'histoire ?
Il ne voit rien que noir et blanc.
—Ah ! je sais : sur mes yeux je n'ai pas mis de verre
Comme grand'mère :
Voilà pourquoi je ne puis voir.
Et de sa grand'maman il cherche les lunettes,
Les frotte, pour les rendre nettes,
Avec le coin de son mouchoir,
Regarde encor, change de page ;
Mais d'histoire pas davantage !

Sa mère entre et lui dit :—Grand'mère a mal aux yeux ;
Toi, mon enfant, ton mal, c'est d'être paresseux.
Il faut apprendre à lire et tu verras l'histoire
Sans lunettes, tu peux me croire,
Rien qu'avec tes yeux bleus.

(RATISBONNE.)

39. — Le Renard et la Cigogne.

Compère le renard se mit un jour en frais,
Et retint à dîner commère la cigogne.
Le régal fut petit et sans beaucoup d'apprêts :
Le galant, pour toute besogne,

4*

Avait un brouet clair : il vivait chichement.
Ce brouet fut par lui servi sur assiette ;
La cigogne au long bec n'en put attraper miette,
Et le drôle eut lapé le tout en un moment.

Pour se venger de cette tromperie,
A quelque temps de là, la cigogne le prie.
— Volontiers, lui dit-il, car avec mes amis
    Je ne fais point cérémonie.
    A l'heure dite, il courut au logis
    De la cigogne, son hôtesse,
    Loua très-fort sa politesse,
    Trouva le dîner cuit à point :
Bon appétit surtout, renards n'en manquent point.
Il se réjouissait à l'odeur de la viande
Mise en menus morceaux et qu'il croyait friande.
    On servit, pour l'embarrasser,
En un vase à long col et d'étroite embouchure.
Le bec de la cigogne y pouvait bien passer,
Mais le museau du sire était d'autre mesure.
Il lui fallut à jeun retourner au logis,
Honteux comme un renard qu'une poule aurait pris,
Serrant la queue, et portant bas l'oreille.

(La Fontaine.)

---

40. — Le Grillon.

Un pauvre petit grillon
Caché dans l'herbe fleurie

Regardait un papillon
Voltigeant dans la prairie.
L'insecte ailé brillait des plus vives couleurs ;
L'azur, la pourpre et l'or éclataient sur ses ailes ;
Jeune, beau, petit-maître, il court de fleurs en fleurs
    Prenant et quittant les plus belles.
— Ah ! disait le grillon, que son sort et le mien
    Sont différents ! Dame Nature
    Pour lui fit tout, et pour moi rien.
Je n'ai point de talent, encor moins de figure ;
Nul ne prend garde à moi, l'on m'ignore ici-bas :
    Autant vaudrait n'exister pas.
    Comme il parlait, dans la prairie
    Arrive une troupe d'enfants :
    Aussitôt les voilà courants
Après ce papillon dont ils ont tous envie.
Chapeaux, mouchoirs, bonnets servent à l'attraper.
L'insecte vainement cherche à leur échapper,
    Il devient bientôt leur conquête.
L'un le saisit par l'aile, un autre par le corps ;
Un troisième survient et le prend par la tête.
    Il ne fallait pas tant d'efforts
    Pour déchirer la pauvre bête.
— Oh ! oh ! dit le grillon, je ne suis plus fâché :
Il en coûte trop cher pour briller dans le monde.
Combien je vais aimer ma retraite profonde !

    Pour vivre heureux, vivons caché.

(FLORIAN.)

41. — Le Loup et l'Agneau.

La raison du plus fort est toujours la meilleure :
Nous l'allons montrer tout à l'heure.

Un agneau se désaltérait
Dans le courant d'une onde pure.
Un loup survient à jeun, qui cherchait aventure
Et que la faim en ces lieux attirait.
—Qui te rend si hardi de troubler mon breuvage?
Dit cet animal plein de rage :
Tu seras châtié de ta témérité.
—Sire, répond l'agneau, que Votre Majesté
Ne se mette pas en colère ;
Mais plutôt qu'elle considère
Que je me vas désaltérant
Dans le courant,
Plus de vingt pas au-dessous d'elle,
Et que, par conséquent, en aucune façon,
Je ne puis troubler sa boisson.
— Tu la troubles! reprit cette bête cruelle ;
Et je sais que de moi tu médis l'an passé.
—Comment l'aurais-je fait si je n'étais pas né?
Reprit l'agneau ; je tette encore ma mère.
— Si ce n'est toi, c'est donc ton frère.
—Je n'en ai point.—C'est donc quelqu'un des tiens,
Car vous ne m'épargnez guère,
Vous, vos bergers et vos chiens.

On me l'a dit ; il faut que je me venge.
Là-dessus au fond des forêts
Le loup l'emporte et puis le mange,
Sans autre forme de procès.

(LA FONTAINE.)

42. — Le Nid de fauvettes.

Je le tiens, ce nid de fauvette !
Ils sont deux, trois, quatre petits !
Depuis si longtemps je vous guette ;
Pauvres oiseaux, vous voilà pris !

Criez, sifflez, petits rebelles,
Débattez-vous ; oh ! c'est en vain :
Vous n'avez pas encore d'ailes.
Comment vous sauver de ma main ?

Mais, quoi ! n'entends-je point leur mère
Qui pousse des cris doulóureux ?
Oui, je le vois, oui, c'est leur père
Qui vient voltiger auprès d'eux.

Ah ! pourrais-je causer leur peine,
Moi qui l'été, dans les vallons,
Venais m'endormir sous un chêne
Au bruit de leurs douces chansons ?

Hélas ! si du sein de ma mère
Un méchant venait me ravir,

4**

Je le sens bien, dans sa misère,
Elle n'aurait plus qu'à mourir.

Et je serais assez barbare
Pour vous arracher vos enfants !
Non, non ! que rien ne vous sépare ;
Non, les voici, je vous les rends.

Apprenez-leur, dans le bocage,
A voltiger auprès de vous :
Qu'ils écoutent votre ramage
Pour former des sons aussi doux ;

Et moi, dans la saison prochaine,
Je reviendrai dans les vallons
Dormir quelquefois sous un chêne
Au bruit de leurs jeunes chansons.

(Berquin.)

43. — Le Retour du printemps et l'Enfant pauvre.

Que ce printemps nouveau nous promet de douceurs !
Que j'aime ce naissant feuillage !
Le pauvre se console en dormant sous l'ombrage,
Bercé par le zéphyr que parfument les fleurs.
Et voici près de ma croisée
Les bons petits oiseaux qui vont faire leurs nids ;
Ils ne me fuiront pas, car, la saison passée,
lors qu'ils avaient faim, ma main les a nourris.

Il faut si peu pour satisfaire
Aux modestes besoins du petit passereau!
Tout pauvre que je suis, hélas! dans ma misère,
J'avais encor de quoi secourir un oiseau.
Que grâce en soit rendue au Dieu de la nature
    Qui veille sur tous ses enfants;
    Au Dieu qui donne la pâture
A l'insecte, au lion, aux faibles, aux puissants!
    Dieu qui m'as conservé ma mère,
Dieu qui m'as exaucé lorsque je t'ai prié,
Quand tu rends le printemps aux pauvres de la terre,
    Que ton nom soit glorifié!

(De Jussieu.)

---

44. — L'Ane qui joue de la flûte.

    Un âne, en broutant ses chardons,
Regardait un pasteur jouant, sous le feuillage,
    D'une flûte dont les doux sons
Attiraient et charmaient les bergers du bocage,
Cet âne mécontent disait : — Ce monde est fou!
    Les voilà tous, bouche béante,
Admirant un grand sot qui sue et se tourmente
    A souffler dans un petit trou.
C'est par de tels efforts qu'on parvient à leur plaire
Tandis que moi... Suffit ... Allons-nous-en d'ici,
    Car je me sens trop en colère.

Notre âne, en raisonnant ainsi,
Avance quelques pas, lorsque sous la fougère,
Une flûte oubliée en ces champêtres lieux
Se trouve sous ses pieds. Notre âne se redresse,
Sur elle de côté fixe ses deux gros yeux;
Une oreille en avant, lentement il se baisse,
Applique son naseau sur le pauvre instrument,
Et souffle tant qu'il peut. O hasard incroyable!
Il en sort un son agréable.
L'âne se croit un grand talent,
Et, tout joyeux, s'écrie en faisant la culbute :
— Eh! je joue aussi de la flûte!

(FLORIAN.)

45.—Le Danseur de corde et le Balancier.

Sur la corde tendue un jeune voltigeur
Apprenait à danser, et déjà son adresse,
Ses tours de force, sa souplesse,
Faisaient venir maint spectateur.
Sur son étroit chemin on le voit qui s'avance,
Le balancier en main, l'air libre, le corps droit,
Hardi, léger autant qu'adroit;
Il s'élève, descend, va, vient, plus haut s'élance,
Retombe, remonte en cadence,
Et, semblable à certains oiseaux
Qui rasent en volant la surface des eaux,
Son pied touche, sans qu'on le voie,
A la corde qui plie et dans l'air le renvoie.

Notre jeune danseur, tout fier de son talent,
Dit un jour : — A quoi bon ce balancier pesant
    Qui me fatigue et m'embarrasse ?
Si je dansais sans lui, j'aurais bien plus de grâce,
    De force et de légèreté.
Aussitôt fait que dit. Le balancier jeté,
Notre étourdi chancelle, étend les bras et tombe.
Il se cassa le nez, et tout le monde en rit.

Jeunes gens, jeunes gens, ne vous a-t-on pas dit
Que sans règle et sans frein tôt ou tard on succombe.
La vertu, la raison, les lois, l'autorité,
Dans vos désirs fougueux vous causent quelque peine:
    C'est le balancier qui vous gêne,
    Mais qui fait votre sûreté.

(Florian.)

46. — La Fête d'une Mère.

Toi si bonne, toi si parfaite,
Qui nous aimes de tant d'amour.
Maman c'est aujourd'hui ta fête;
Pour tes enfants quel heureux jour !

En échange de nos offrandes,
De nos chants pour toi composés,
De nos bouquets, de nos guirlandes,
Donne-nous beaucoup de baisers.

Pour toi, chaque jour, tendre mère,
Nos voix invoquent le Seigneur ;
Mais ce matin notre prière
Avait encor plus de ferveur.

Dieu l'exaucera : sur ta vie
Il répandra tant de bienfaits,
Tant de calme, ô mère chérie,
Que tu ne pleureras jamais.

Puis, pour que tu sois satisfaite,
Nous ferons si bien nos devoirs !
Nous dirons sans tourner la tête,
Notre prière tous les soirs.

Nous ne ferons plus de tapage
Dès que tu nous le défendras,
Et le plus bruyant sera sage
Aussitôt que tu le voudras.

Embrasse-nous donc, mère aimée.
Oh ! presse-nous bien sur ton cœur,
C'est notre place accoutumée,
Dans la joie ou dans la douleur.

Oh ! le cœur d'une bonne mère,
C'est le bien le plus précieux,
C'est un bonheur que Dieu sur terre
Laisse tomber du haut des cieux.

(Mme GAGNE, Élise MOREAU).

47.— La Petite Fille et son Chat.

— Venez ici, Minet; il faut que je vous gronde;
    Avancez près de moi.
On dit que sans pitié vous griffez tout le monde :
    C'est très-joli, ma foi !
D'où venez-vous encore avec cet air sauvage,
    Et ce poil hérissé?
Avez-vous de souris fait un nouveau carnage?
    Arrivez-vous blessé?
Ou bien, sur mes cahiers répandant l'écritoire,
    Auriez-vous en courant
Tracé, dans ses détours, une rivière noire
    Sur mon beau papier blanc?
Voyons, répondez-moi, je suis douce personne;
    Dites-moi vos méfaits :
Je ne gronderai pas, Minet; je vous pardonne
    Ces terribles forfaits !
Eh quoi! pas un regard ! pas même une caresse !
    Vous êtes un sournois.
Moi qui vantais partout vos tours de gentillesse,
    Votre joli minois !...
Que vois-je près de vous rouler dans la poussière?
    Ciel! mon oiseau chéri !
Quoi ! vous avez tué d'une dent meurtrière
    Mon charmant favori ?
Celui qui m'égayait par son gentil ramage,
    Dont vous étiez jaloux,

A péri tristement enlevé de sa cage!
    Ah! c'en est fait de vous!
Allez, ce trait cruel vous ravit ma tendresse!
    Je voulais pardonner;
Mais mon cœur, attristé de votre humeur traîtresse,
    Dit qu'il faut condamner.
Fuyez, fuyez bien loin, redoutez ma présence;
    Je ne veux plus vous voir;
Et de ne plus jamais juger sur l'apparence
    Je me fais un devoir.

(Mlle Isabelle RODIER.)

48.— La Laitière et le Pot au lait.

Perrette, sur sa tête ayant un pot au lait
    Bien posé sur un coussinet,
Prétendait arriver sans encombre à la ville.
Légère et court vêtue, elle allait à grands pas,
Ayant mis ce jour-là, pour être plus agile,
    Cotillon simple et souliers plats.
    Notre laitière ainsi troussée
    Comptait déjà dans sa pensée
Tout le prix de son lait; en employait l'argent;
Achetait un cent d'œufs, faisait triple couvée;
La chose allait à bien par son soin diligent.
    — Il m'est, disait-elle, facile
D'élever des poulets autour de ma maison;
    Le renard sera bien habile

il ne m'en laisse assez pour avoir un cochon.
Le porc à s'engraisser coûtera peu de son :
Il était, quand je l'eus, de grosseur raisonnable ;
J'aurai, le revendant, de l'argent bel et bon.
Et qui m'empêchera de mettre en notre étable,
Vu le prix dont il est, une vache et son veau,
Que je verrai sauter au milieu du troupeau ?
Perrette, là-dessus, saute aussi, transportée :
Le lait tombe ; adieu veau, vache, cochon, couvée ;
La dame de ces biens, quittant d'un œil marri
    Sa fortune ainsi répandue,
    Va s'excuser à son mari,
    En grand danger d'être battue.
    Le récit en farce en fut fait :
    On l'appela le *Pot au lait.*

(La Fontaine.)

49. — A un Enfant.

Après vos sœurs et votre mère,
Enfant au cœur tendre, soumis,
Que la nature vous soit chère :
Les champs sont nos meilleurs amis.

C'est la voix du monde champêtre,
L'aspect des prés verts, du ciel bleu,
Qui vous feront le mieux connaître
Et chérir la bonté de Dieu.

Aimez donc les bois, la fontaine,
L'étang bordé de longs roseaux,
Les petites fleurs, le grand chêne
Tout peuplé de joyeux oiseaux.

L'air parle sous sa fraîche voûte;
Le nid chanteur, dès son réveil,
Au pieux enfant qui l'écoute
Donne toujours un bon conseil.

Jouez sous le chêne robuste,
Et vous grandirez comme lui;
Et vous-même, d'un jeune arbuste
Quelque jour vous serez l'appui.

Imitez les grands bras du chêne
Luttant contre le vent du nord;
Endurcissez-vous à la peine :
Par elle vous deviendrez fort.

Loin de vous une enfance molle!
Du laboureur, du bûcheron
Suivez, enfant, la rude école;
L'homme fort peut seul être bon.

Partout la nature sereine
Offre l'aide avec le conseil :
Cueillez, enfant, la bonne graine,
Dieu vous donnera le soleil.

(V. DE LAPRADE.)

50 — Hymne de l'Enfant à son réveil.

O Père qu'adore mon père !
Toi qu'on ne nomme qu'à genoux,
Toi dont le nom terrible et doux
Fait courber le front de ma mère ;

On dit que ce brillant soleil
N'est qu'un jouet de ta puissance,
Que sous tes pieds il se balance
Comme une lampe de vermeil.

On dit que c'est toi qui fais naître
Les petits oiseaux dans les champs,
Et qui donne aux petits enfants
Une âme aussi pour te connaître.

On dit que c'est toi qui produis
Les fleurs dont le jardin se pare ;
Et que sans toi, toujours avare,
Le verger n'aurait pas de fruits.

Aux dons que ta bonté mesure
Tout l'univers est convié ;
Nul insecte n'est oublié
A ce festin de la nature.

L'agneau broute le serpolet ;
La chèvre s'attache au cytise ;

La mouche au bord du vase puise
Les blanches gouttes de mon lait.

L'alouette a la graine amère
Que laisse envoler le glaneur,
Le passereau suit le vanneur,
Et l'enfant s'attache à sa mère.

Et pour obtenir chaque don
Que chaque jour tu fais éclore,
A midi, le soir, à l'aurore,
Que faut-il? Prononcer ton nom.

O Dieu, ma bouche balbutie
Ce nom des anges redouté :
Un enfant même est écouté,
Dans le chœur qui te glorifie!

Ah! puisqu'il entend de si loin
Les vœux que notre bouche adresse,
Je veux lui demander sans cesse
Ce dont les autres ont besoin.

Mon Dieu, donne l'onde aux fontaines;
Donne la plume aux passereaux,
Et la laine aux petits agneaux,
Et l'ombre et la rosée aux plaines.

Donne aux malades la santé,
Au mendiant le pain qu'il pleure,

A l'orphelin une demeure,
Au prisonnier la liberté.

Donne une famille nombreuse
Au père qui craint le Seigneur,
Donne à moi sagesse et bonheur,
Pour que ma mère soit heureuse !

(LAMARTINE.)

51. — La Veillée de Noël.

—Maman, tu nous as dit : « Enfants, soyez bien sages ;
» Lorsque viendra Noël, le soir au coin du feu,
» De mon grand missel d'or vous verrez les images,
» Et nous ferons ensemble une prière à Dieu. »
Maman, c'est la Noël, nous avons été sages ;
Prends ton beau livre d'or, veux-tu ? Prions un peu. »

La mère caressa d'un regard ses trois anges,
Et dit : — A l'heure sainte où Jésus dans ses langes
Descendit pour souffrir, il faut, ô mes amours,
Il faut prier pour ceux qui souffrent sans secours.
Vous avez, quand il neige, un grand feu qui pétille ;
Des vêtements bien chauds, des fruits et de bon pain,
Mais les pauvres n'ont pas de gai foyer qui brille,
Ils sont nus, et souvent ils souffrent de la faim !
Vous avez près de vous une maman mignonne
Dont la main tous les soirs vous berce dans vos lits ;
Mais bien des orphelins délaissés n'ont personne
Qui réchauffe à son sein leurs pieds froids et meurtris.

Il est encore, enfants, bien des pauvres sur terre.
Prions à deux genoux pour tous ces malheureux !
Et les petits enfants dirent : — Prions pour eux !
Longtemps, jusqu'à demain !—Non, répondit la mère;
L'étoile de minuit rayonne dans les cieux...
Vous prîrez en dormant. Dans la chapelle blanche
Les bons anges viendront rire à votre sommeil;
Je vous mettrai demain vos habits du dimanche,
Et vous aurez chacun dix baisers au réveil!

(Georges OLIVIER.)

---

52. — Le Lérot et les deux Lézards.

Dès le retour de la froidure,
Deux petits lézards mécontents
S'étaient tapis au fond d'une vieille masure
Pour y dormir jusqu'au printemps.
— Hélas! que mon destin m'afflige!
Disait l'un deux. Pourquoi faut-il que Jupiter
Nous emprisonne et nous oblige
A vivre engourdis tout l'hiver?
Un habitant du voisinage,
Le lérot, au museau pointu,
Lui répondit en son langage :
—Mon ami, de quoi te plains-tu?
De ton destin? je le partage :
Ainsi que toi, l'hiver, cloué dans ma maison,
dors jusqu'au retour de la belle saison.

Je tiens que c'est un avantage,
Et j'en suis fier avec raison.
Oui, le Père de la nature
Nous chérit : il nous a traités,
Comme on dit, en enfants gâtés :
Quand nous dormons, les bois sont privés de verdure ;
Les jardins sont flétris, les vergers sont déserts,
Tous les vents déchaînés se battent dans les airs,
    La terre a perdu sa parure.
Le voile du sommeil nous cache ces tableaux ;
Mais sitôt que les prés, les jardins, les berceaux
Reprennent leur éclat, leur beauté printanière,
Notre sommeil finit : c'est au chant des oiseaux
    Que nous rouvrons notre paupière.
    Mes chers voisins, soyez contents,
    Et bénissons la destinée
    Qui voulut que pour nous l'année
    Fût un continuel printemps.

Les choses d'ici-bas quand on les envisage,
Ont toutes un revers dont on est moins flatté :
    C'est être heureux. c'est être sage
    Que de les voir du bon côté.

(JAUFFRET.)

---

53. — L'Aveugle et le Paralytique.

Aidons-nous mutuellement,
La charge des malheurs en sera plus légère :

Le bien que l'on fait à son frère,
Pour le mal que l'on souffre est un soulagement.
Confucius l'a dit ; suivons tous sa doctrine.
Pour la persuader aux peuples de la Chine,
    Il leur contait le trait suivant.

    Dans une ville de l'Asie,
    Il existait deux malheureux,
L'un perclus, l'autre aveugle, et pauvres tous les deux.
Ils demandaient au ciel de terminer leur vie ;
    Mais leurs vœux étaient superflus :
Ils ne pouvaient mourir. Notre paralytique,
Couché sur un grabat, dans la place publique,
Souffrait sans être plaint : il en souffrait bien plus.
    L'aveugle à qui tout pouvait nuire,
    Était sans guide et sans soutien,
    Sans avoir même un pauvre chien,
    Pour l'aimer et pour le conduire.

    Un certain jour il arriva
Que l'aveugle à tâtons, au détour d'une rue,
    Près du malade se trouva ;
Il entendit ses cris ; son âme en fut émue.
    Il n'est tels que les malheureux
    Pour se plaindre les uns les autres.
—J'ai mes maux, lui dit-il, et vous avez les vôtres :
Unissons-les, mon frère, ils seront moins affreux.
—Hélas ! dit le perclus, vous ignorez, mon frère,

Que je ne puis faire un seul pas ;
   Vous-même vous n'y voyez pas :
A quoi nous servirait d'unir notre misère?
— A quoi? répond l'aveugle; écoutez : à nous deux
Nous possédons le bien à chacun nécessaire ;
   J'ai des jambes et vous des yeux.
Moi, je vais vous porter ; vous, vous serez mon guide :
Vos yeux dirigeront mes pas mal assurés ;
Mes jambes, à leur tour, iront où vous voudrez.
Ainsi, sans que jamais notre amitié décide
Qui de nous deux remplit le plus utile emploi,
Je marcherai pour vous, vous y verrez pour moi.
(FLORIAN.)

---

54. — Les Châteaux en Espagne.

On peut bien quelquefois se flatter dans la vie
J'ai, par exemple, hier, mis à la loterie,
Et mon billet enfin pourrait bien être bon.
Je conviens que cela n'est pas certain, oh! non;
Mais la chose est possible, et cela doit suffire.
Puis, en me le donnant, on s'est mis à sourire,
Et l'on m'a dit : « Prenez, car c'est là le meilleur. »
Si je gagnais pourtant le gros lot, quel bonheur!
J'achèterais d'abord une ample seigneurie ...
Non, plutôt une bonne et grasse métairie ;
Oh! oui, dans ce canton... j'aime ce pays-ci ;

Et Justine d'ailleurs me plaît beaucoup aussi.
Ma foi, j'aime déjà ma ferme à la folie.
Moi, gros fermier ! j'aurai ma basse-cour remplie
De poules, de poussins que je verrai courir ;
De mes mains chaque jour je prétends les nourrir.
C'est un coup d'œil charmant, et puis cela rapporte.
Quel plaisir quand, le soir, assis devant ma porte,
J'entendrai le retour de mes moutons bêlants,
Que je verrai de loin revenir à pas lents
Mes chevaux vigoureux et mes belles génisses !
Ils sont nos serviteurs, elles sont nos nourrices ;
Et mon petit Victor sur son âne monté,
Fermant la marche avec un air de dignité !
Je serai plus heureux que le roi sur son trône.
Je serai riche, riche, et je ferai l'aumône.
Tout bas, sur mon passage, on se dira : « Voilà
Ce bon monsieur Victor. » Cela me touchera.
Je puis bien m'abuser ; mais ce n'est pas sans cause.
Mon projet est au moins fondé sur quelque chose :
Sur un billet. Je veux revoir ce cher…Eh ! mais..
Où donc est-il ? tantôt encore je l'avais.
Depuis quand ce billet est-il donc invisible ?
Ah ! l'aurai-je perdu ? Serait-il bien possible !
Mon malheur est certain : me voilà confondu,
Que vais-je devenir ? hélas ! j'ai tout perdu.

(Collin d'Harleville.)

55. — La Première Communion.

Allons, mes jeunes sœurs, au Dieu qui nous appelle :
Lui-même nous a dit ses saintes volontés ;
A ses commandements gardons un cœur fidèle,
Et nous le trouverons fidèle en ses bontés.

    Nous naissons à peine à la vie
    Qu'on nous porte près de l'autel,
    Où notre famille ravie
    Promet nos jours à l'Éternel.
    Consacrons les vœux du baptême,
    Et qu'ici nos serments nouveaux
    Rappellent le pardon suprême
    Qui descendit sur nos berceaux.

Allons, mes jeunes sœurs, etc.

    Essuyez ces larmes amères,
    La paix habite le saint lieu ;
    Nous sortons des bras de nos mères,
    Tombons sans crainte aux pieds de Dieu ;
    Pour nous leur tendresse l'implore,
    Leurs vœux à nos vœux sont unis,
    Et Dieu, mes sœurs, bénit encore
    Ceux que leurs parents ont bénis.

Allons, mes jeunes sœurs, etc.

    Que ce bel ange de l'enfance,
    Qui protégea nos pas tremblants,
    Veille encore à notre défense,

Et s'attache à nos voiles blancs!
Et dans le monde, à sa puissance
Si notre faiblesse a recours,
A notre robe d'innocence
Qu'il nous reconnaisse toujours.

Allons, mes jeunes sœurs, au Dieu qui nous appelle :
Lui-même nous a dit ses saintes volontés;
A ses commandements gardons un cœur fidèle,
Et nous le trouverons fidèle en ses bontés.

---

56. — L'Anon.

— Oh! quand je serai grand, que je m'amuserai!
Quel plaisir d'être libre et d'agir à sa tête!
    J'irai, je viendrai, je courrai;
Je veux voir du pays et je voyagerai;
    Tous mes jours seront jours de fête.
Au lieu de rester là, tristement attaché
Et réduit à brouter dans cette étroite sphère,
    Ainsi que mon père et ma mère,
    J'irai fièrement au marché.
Mes paniers sur mon dos, agitant ma sonnette,
Chacun m'admirera. — Voyez-vous, dira-t-on,
    Comme il a l'oreille bien faite!
    Quel jarret ferme, et quel air de raison!
C'est une créature, en vérité, parfaite;
Le voilà maintenant âne, et non plus ânon...
    On est quelqu'un, on peut hausser le ton;

Quel bonheur d'être grand ! tout devient jouissance,
   Ce qu'on dit a de l'importance,
Et l'on n'est plus traité comme un petit garçon.
     Ainsi, dans sa pauvre cervelle,
     Raisonnait un jeune grison,
     Tout en broutant l'herbe nouvelle.
Le jour qu'il désirait à la fin arriva :
    Il devint grand ; mais il trouva
    Qu'il n'avait pas bien fait son compte.
   Lorsqu'il sentit les paniers sur son dos :
  — Oh ! oh ! dit-il, voici de lourds fardeaux ;
Mon allure, avec eux, ne sera pas très-prompte.
     A peine achevait-il ce mot,
Qu'un coup de fouet le force à partir au grand trot.
    La chose lui parut fort dure :
Il vit bien qu'il fallait renoncer à l'espoir
De n'agir qu'à son gré du matin jusqu'au soir,
    De se complaire en son allure,
Et de dire : *Je veux* à toute la nature.
Grands, petits, pensa-t-il, ont chacun leur devoir.
    J'en ai douté dans mon enfance ;
    Mais je vois trop que, tout de bon,
     Le courage et la patience
Sont utiles à l'âne, encor plus qu'à l'ânon.
    Moi, mes amis, je crois en somme
    Que ce baudet avait raison,
Et que ce qu'il pensait peut s'appliquer à l'homme.
(LAURENT DE JUSSIEU.)

57. — Un Voyageur égaré dans les neiges du Saint-Bernard.

La neige au loin accumulée
En torrents épaissis tombe du haut des airs
   Et, sans relâche amoncelée,
Couvre du Saint-Bernard les vieux sommets déserts.

   Plus de route, tout est barrière.
L'ombre accourt; et déjà, pour la dernière fois,
   Sur la cime inhospitalière,
Dans les vents de la nuit l'aigle a jeté sa voix.

   A ce cri, d'effroyable augure,
Le voyageur transi n'ose plus faire un pas;
   Mourant et vaincu de froidure,
Au bord d'un précipice il attend le trépas.

   Là, dans sa dernière pensée,
Il songe à son épouse, il songe à ses enfants :
   Sur sa couche affreuse et glacée,
Cette image a doublé l'horreur de ses tourments.

   C'en est fait : son heure dernière
Se mesure pour lui dans ces terribles lieux,
   Et, chargeant sa froide paupière,
Un funeste sommeil déjà cherche ses yeux.

   Soudain, ô surprise, ô merveille !
D'une cloche il a cru reconnaître le bruit;

Le bruit augmente à son oreille;
Une clarté subite a brillé dans la nuit.

Tandis qu'avec peine il écoute,
A travers la tempête un autre bruit s'entend :
Un chien jappe et, s'ouvrant la route,
Suivi d'un solitaire, approche au même instant.

Le chien, en aboyant de joie,
Frappe du voyageur les regrets éperdus;
La mort laisse échapper sa proie,
Et la charité compte un miracle de plus.

(CHÊNEDOLLÉ.)

---

58. — Le Singe qui montre la lanterne magique.

Un homme qui montrait la lanterne magique
Avait un singe dont les tours
Attiraient chez lui grand concours :
Jacqueau (c'était son nom) sur la corde élastique
Dansait et voltigeait au mieux,
Puis faisait le saut périlleux,
Et puis sur un cordeau, sans que rien le soutienne,
Le corps droit, fixe et d'aplomb,
Notre Jacqueau fait tout du long
L'exercice à la prussienne.

Un jour qu'au cabaret son maître était resté
(C'était, je pense, un jour de fête),

Notre singe en liberté
Veut faire un coup de sa tête.
Il s'en va rassemblant les divers animaux
Qu'il peut rencontrer dans la ville :
Chiens, chats, poulets, pourceaux,
Arrivent bientôt à la file.
— Entrez, entrez, Messieurs, criait notre Jacqueau ;
C'est ici, c'est ici qu'un spectacle nouveau
Va vous charmer gratis. Oui, Messieurs, à la porte
On ne prend point d'argent : je fais tout pour l'honneur
A ces mots, chaque spectateur
Va se placer, et l'on apporte
La lanterne magique ; on ferme les volets,
Et par un discours fait exprès,
Jacqueau prépare l'auditoire.
Ce morceau vraiment oratoire
Fit bâiller, mais on applaudit.
Content de son succès, notre singe saisit
Un verre peint, qu'il met dans la lanterne.
Il sait comment on le gouverne,
Et crie en le poussant : « Est-il rien de pareil ?
Messieurs, vous voyez le soleil,
Ses rayons et toute sa gloire.
Voici présentement la lune, et puis l'histoire
D'Adam, d'Ève et des animaux...
Voyez, Messieurs, comme ils sont beaux !
Voyez la naissance du monde ;
Voyez... » Les spectateurs, dans une nuit profonde,

Écarquillaient leurs yeux et ne pouvaient rien voir :
  L'appartement, le mur, tout était noir.
— Ma foi, disait un chat, de toutes les merveilles
    Dont il étourdit nos oreilles
    Le fait est que je ne vois rien.
    — Ni moi non plus, disait un chien.
— Moi, disait un dindon, je vois bien quelque chose,
    Mais je ne sais pour quelle cause
    Je ne distingue pas bien.
Pendant tout ce discours, le Cicéron moderne
Parlait éloquemment et ne se lassait point.
    Il n'avait oublié qu'un point,
    C'était d'éclairer sa lanterne.

(FLORIAN.)

---

59 — Le Chien coupable.

    — Mon frère, sais-tu la nouvelle ?
Mouflar, le bon Mouflar, de nos chiens le modèle,
Si redouté des loups, si soumis au berger,
    Mouflar vient, dit-on, de manger
Le petit agneau noir, puis la brebis sa mère,
Et puis sur le berger s'est jeté furieux.
    — Serait-il vrai ? — Très-vrai, mon frère.
    — A qui donc se fier ? grands dieux !
C'est ainsi que parlaient deux moutons dans la plaine ;
    Et la nouvelle était certaine.
    Mouflar, sur le fait même pris,
    N'attendait plus que le supplice,

Et le fermier voulait qu'une prompte justice
Effrayât les chiens du pays.

La procédure en un jour est finie.
Mille témoins pour un déposent l'attentat ;
Récolés, confrontés, aucun d'eux ne varie ;
Mouflar est convaincu du triple assassinat :
Mouflar recevra donc deux balles dans la tête
 Sur le lieu même du délit.
 A son supplice qui s'apprête
 Toute la ferme se rendit.
Les agneaux de Mouflar demandèrent la grâce ;
Elle fut refusée. On leur fit prendre place ;
 Les chiens se rangèrent près d'eux,
Tristes, humiliés, mornes, l'oreille basse,
Plaignant, sans l'excuser, leur frère malheureux.
Tout le monde attendait dans un profond silence.
Mouflar paraît bientôt, conduit par deux pasteurs.
Il arrive, et, levant au ciel ses yeux en pleurs,
 Il harangue ainsi l'assistance :
— O vous, qu'en ce moment je n'ose et je ne puis
Nommer, comme autrefois, mes frères, mes amis,
 Témoins de mon heure dernière,
Voyez où peut conduire un coupable désir :
De la vertu quinze ans j'ai suivi la carrière ;
 Un faux pas m'en a fait sortir.
Apprenez mes forfaits : au lever de l'aurore,
Seul auprès du grand bois je gardais le troupeau ;

Un loup vient, emporte un agneau,
    Et, tout en fuyant, le dévore.
Je cours, j'atteins le loup, qui, laissant son festin,
    Vient m'attaquer : je le terrasse,
    Et je l'étrangle sur la place.
C'était bien jusque-là ; mais, pressé par la faim,
De l'agneau dévoré je regarde le reste ;
J'hésite, je balance..... A la fin cependant
    J'y porte une coupable dent :
Voilà de mes malheurs l'origine funeste!
    La brebis vient dans cet instant,
    Elle jette des cris de mère...
La tête m'a tourné : j'ai craint que la brebis
Ne m'accusât d'avoir assassiné son fils,
    Et, pour la forcer à se taire,
    Je l'égorge dans ma colère.
Le berger accourait, armé de son bâton :
    N'espérant plus aucun pardon,
Je me jette sur lui; mais bientôt on m'enchaîne,
    Et me voici prêt à subir
    De mes crimes la juste peine.
Apprenez tous du moins en me voyant mourir,
    Que la plus légère injustice
Aux forfaits les plus grands peut conduire d'abord,
    Et que dans le chemin du vice,
    On est au fond du précipice
    Dès qu'on met un pied sur le bord.

(Florian.)

60. — Ah! si j'étais petit oiseau!

C'était le plus beau jour de tous les jours d'automne,
Un de ces jours brillants, jours aux mille couleurs,
Où la terre ravie, effeuillant sa couronne,
    Nous jette ses fruits et ses fleurs.

La mère travaillait à la fenêtre assise,
Mère au front gracieux, au regard calme, doux,
Et l'enfant apprenait en silence et soumise,
    Une leçon sur ses genoux.

Relevant quelquefois sa tête rose et blanche,
Pour sourire au soleil, au splendide horizon,
Elle écoutait l'oiseau qui sautait sur la branche,
    En chantant gaîment sa chanson.

La pauvre mère alors, et bonne et généreuse,
Pour ne pas la gronder, feignait de ne rien voir,
Ou ramenait d'un mot sa chère paresseuse
    Au doux sentiment du devoir.

Que sa voix était tendre et pleine d'indulgence!
— Allons, chère Marie, allons, tu n'apprends pas.
Ton livre déchiré trahit ta négligence;
    Que vois-tu de si beau là-bas?

Elle invitait encor la gentille rêveuse
A reprendre courage, à lire de nouveau,
Quand l'enfant s'écria : — Que je suis malheureuse
    Ah! si j'étais petit oiseau!

— Ah ! si j'étais l'oiseau qui saute et chante,
Qui n'a souci de rien, qu'on voit toujours joyeux ;
Si j'étais cet oiseau, que je serais contente,
    Et que mon sort serait heureux !

— Plus de livre ennuyeux, plus de leçon sévère ;
Voltiger tout le jour, courir et s'amuser,
Causer avec les fleurs, caresser la bruyère,
    Sur le gazon se reposer ;

« Toujours nouveau plaisir, toujours nouvelle fête ;
Sous les arbres touffus j'arrêterais mon vol,
Je m'en irais souvent appeler la fauvette,
    Pour rire avec le rossignol.

Tu dis que c'est là-haut qu'on chante les louanges
Que la terre répète en tout temps, en tout lieu :
J'y volerais aussi pour entendre les anges
    Chanter dans le ciel du bon Dieu.

Sans regrets, sans chagrins, toujours libre et ravie,
Chaque jour le soleil me paraîtrait plus beau ;
Ainsi s'écouleraient les heures de ma vie,
    Ah ! si j'étais petit oiseau !

— Sans doute, chère enfant, cette vie a des charmes,
Mais elle compte aussi plus d'un jour douloureux.
L'oiseau n'est pas exempt de craintes ni d'alarmes,
    Il est souvent bien malheureux.

— Quand l'hiver couvre tout de glace et de tristesse,
Lorsque tu dors, enfant, sous de légers rideaux,
On n'entend plus dans l'air que les cris de détresse
    Poussés par les petits oiseaux.

— Oh! que leur voix alors est touchante et plaintive!
Ils vont mourir de faim, de froid et de douleur,
Car ils n'ont plus de mère, inquiète, attentive,
    Pour les réchauffer sur son cœur.

— Plus heureux que l'oiseau, dont la vie est amère,
L'enfant reçoit du Ciel un regard plein de feu,
Un cœur intelligent pour comprendre sa mère,
    Une âme pour adorer Dieu.

— Regarde celui qui frôle de son aile,
Et la branche de l'arbre et le gazon fleuri;
Il va nous faire entendre une chanson nouvelle.....
    Qu'il est mignon, qu'il est joli!

Il paraît bien joyeux, les airs sont sa patrie.
Sans craindre le péril, sans songer à son sort,
Il chante, court, s'envole, et légère est sa vie;
    Demain peut-être il sera mort.

Sa mère encor parlait, quand soudain l'éclair brille;
Bientôt l'air retentit sous le grand peuplier,
Et l'oiseau qui chantait tombe sous la charmille
    Frappé du plomb meurtrier!

On s'élance, on accourt, de terreurs palpitantes
Hélas! il est trop tard! Oh! le cruel chasseur!
L'oiseau fermait déjà ses paupières mourantes :
    Que de regrets! que de douleur!

On essaya pourtant de rappeler la vie,
Longtemps on espéra qu'il rouvrirait les yeux.
Tout en le réchauffant, la gentille Marie,
    Versa bien des pleurs douloureux!

Elle lui dit tout bas beaucoup de douces choses,
(Car l'enfant sut de Dieu comprendre la leçon);
Puis on l'ensevelit dans des feuilles de roses,
    Que l'on cacha sous le gazon.

Elle revint alors désolée et pensive,
Le cœur gros de soupirs, rêvant au pauvre oiseau;
Et puis, sans dire un mot, sérieuse, attentive,
    Elle étudia de nouveau.

Puis un moment après elle dit en prière :
— Seigneur! Seigneur mon Dieu! de ton ciel triomphant,
Oh! conserve toujours un enfant à sa mère,
    Et garde la mère à l'enfant!

(Mme Isabelle Rødier.)

61. — L'Écolier.

Un tout petit enfant s'en allait à l'école.
On avait dit : Allez ! il tâchait d'obéir ;
Mais son livre était lourd ; il ne pouvait courir :
Il pleure et suit des yeux une abeille qui vole.
— Abeille, lui dit-il, voulez-vous me parler ?
Moi, je vais à l'école... il faut apprendre à lire.
Mais le maître est tout noir, et je n'ose pas rire.
Voulez-vous rire, abeille, et m'apprendre à voler ?
— Non, dit-elle, j'arrive et je suis très-pressée.
J'avais froid ; l'aquilon m'a longtemps oppressée.
Enfin j'ai vu les fleurs ; je redescends du ciel,
Et je vais commencer mon doux rayon de miel,
Voyez ! j'en ai déjà puisé dans quatre roses :
Avant une heure encor nous en aurons d'écloses.
Vite, vite à la ruche. On ne rit pas toujours :
C'est pour faire le miel qu'on nous rend les beaux jour
Elle fuit, et se perd sur la route embaumée.

Le frais lilas sortait d'un vieux mur entr'ouvert ;
Il saluait l'aurore, et l'aurore charmée
Se montrait sans nuage et riait de l'hiver.
Une hirondelle passe ; elle effleure la joue
Du petit nonchalant, qui s'attriste et qui joue,
Et, dans l'air suspendue, en redoublant sa voix,
Fait tressaillir l'écho qui dort au fond des bois.
— Oh ! bonjour, dit l'enfant, qui se souvenait d'elle.

Je t'ai vue à l'automne ; oh ! bonjour, hirondelle !
Viens ! tu portais bonheur à ma maison, et moi
Je voudrais du bonheur : veux-tu m'en donner, toi ?
Jouons ! — Je le voudrais, répond la voyageuse ;
Car je respire à peine et je me sens joyeuse.
Mais j'ai beaucoup d'amis qui doutent du prinptemps ;
Ils rêveraient ma mort si je tardais longtemps.
Oh ! je ne puis jouer. Pour finir leur souffrance,
J'emporte un brin de mousse en signe d'espérance.
Nous allons relever nos palais dégarnis.
L'herbe croît ; c'est l'instant des amours et des nids.
J'ai tout vu. Maintenant, fidèle messagère,
Je vais chercher ma sœur là-bas sur le chemin.
Ainsi que nous, enfant, la vie est passagère :
Il faut en profiter. Je me sauve : à demain. »

L'enfant reste muet, et, la tête baissée,
Rêve et compte ses pas pour tromper son ennui,
Quand le livre importun, dont sa main est lassée,
Rompt ses fragiles nœuds et tombe auprès de lui.
Un dogue l'observait du seuil de sa demeure,
Stentor, gardien sévère et prudent à la fois.
La peur de l'effrayer retient sa grosse voix.
Hélas ! peut-on crier contre un enfant qui pleure ?
Bon dogue, voulez-vous que je m'approche un peu ?
Dit l'écolier plaintif ; je n'aime pas mon livre.
Voyez ; ma main est rouge, il en est cause. Au jeu
Rien ne fatigue ; on rit, et moi je voudrais vivre

Sans aller à l'école où l'on tremble toujours.
Je m'en plains tous les soirs, et j'y vais tous les jours.
J'en suis très-mécontent ; je n'aime aucune affaire.
Le sort d'un chien me plaît, car il n'a rien à faire.
— Écolier, voyez-vous ce laboureur aux champs ?
Eh bien ! ce laboureur, dit Stentor, c'est mon maître ;
Il est très-vigilant, je le suis plus peut-être :
Il dort la nuit, et moi j'écarte les méchants ;
J'éveille aussi ce bœuf qui d'un pied lent mais ferme
Va creuser les sillons quand je garde la ferme.
Pour vous-même on travaille, et, grâce à nos brebis,
Votre mère en chantant vous file des habits.
Par le travail tout plaît, tout s'unit, tout s'arrange :
Allez donc à l'école, allez, mon petit ange.
Les chiens ne lisent pas, mais la chaîne est pour eux
L'ignorance toujours mène à la servitude ;   [l'étude.
L'homme est fin... l'homme est sage : il nous défend
Enfant, vous serez homme et vous serez heureux :
Les chiens vous serviront.

                    L'enfant l'écouta dire,
Et même il le baisa. Son livre était moins lourd.
En quittant le bon dogue, il pense, il marche, il court ;
L'espoir d'être homme un jour lui ramène un sourire.
A l'école un peu tard il arrive gaîment,
Et dans le mois des fruits il lisait couramment.

(Mme Desbordes-Valmore.)

62. — Souvenir de Champigny.

1871

Enfants, vous qui courez dans la plaine embaumée,
Jetant au frais matin la chanson parfumée,
Mêlant vos airs joyeux à la voix du pinson
Dont le nid est caché tout près, dans le buisson,
Riez, car le sourire est fait pour le jeune âge ;
Chantez : les gais refrains, voilà votre partage ;
Mais pourtant, dans la ronde où s'emmêlent vos pas,
Enfants, riez moins fort, ne les éveillez pas !

Car vous vous souvenez, enfants aux têtes blondes,
De ces longs jours passés, de nos terreurs profondes !
Vous savez, quand, le soir, l'affreux bruit du canon
Nous faisait frissonner, ébranlait la maison ?

On disait : « Aujourd'hui nous en perdons dix mille ! »
Alors on se comptait d'un mouvement fébrile :
Le fer, petits enfants, les moissonnait là-bas !...
Aussi, riez moins fort, ne les éveillez pas !
On les a couchés là, sous la terre glacée.
Plus d'un quitta le soir sa jeune fiancée ;
L'autre laissa brisée, en proie au désespoir,
Sa pauvre vieille mère, aujourd'hui tout en noir.
Ils dorment doucement sous la terre fleurie,
Après avoir donné leur sang à la patrie.
C'est pour nous qu'ils sont morts ; n'arrêtez pas vos jeux ;
Mais, lorsque vous priez, le soir, priez pour eux.

Riez : la vie encore est pleine de tendresse ;
Chantez : oui, Dieu vous garde encor des jours d'ivresse
Le printemps a caché leurs tombeaux sous les fleurs ;
Je ne veux donc pas, moi, vour arracher des pleurs.
Mais attendez le jour où l'immortelle France,
Se levant grande et fière, oubliant sa souffrance,
Verra de ces héros féconder le trépas.
Attendez... Jusque-là, ne les éveillez pas !

(Suzanne CHAILLOUX-PILLEVESSE.)

TABLE

IMPRIMERIE CENTRALE DES CHEMINS DE FER. — A. CHAIX ET Cie,
RUE BERGÈRE, 20, A PARIS. — 17101-5.

LIBRAIRIE CH. DELAGRAVE

PARIS, 58, RUE DES ÉCOLES.

PETITE ENCYCLOPÉDIE DES ÉCOLES
(CLASSES ÉLÉMENTAIRES)

RÉCITATION :

Choix d'exercices de mémoire par Caumont, auteur des *Lectures courantes des écoliers français*. 1 vol. in-18, cartonné. . . . . » **30**

GRAMMAIRE :

Premières dictées pour les écoles et les familles, par Mme Deshayes-Wiart, institutrice communale. 1 vol. in-18, cartonné. . . . . » **30**
— Ouvrage adopté pour les écoles de la Ville de Paris.

Copie et lecture, par la même. 1 vol.

Premières leçons de langue française par B. Berger, inspecteur de l'instruction primaire à Paris. (Sous presse.)

EN PRÉPARATION :

Histoire sainte. 1 vol. in-12.
Histoire de France. 1 vol. in-12.
Géographie. 1 vol. in-12.
Calcul. 1 vol. in-12.

Les *Premières leçons de langue française* dont il est question ci-dessus servent d'introduction au **Cours de langue française**, avec de nombreux exercices empruntés aux meilleurs écrivains, par B. Berger, inspecteur de l'instruction primaire à Paris, officier de l'instruction publique.

Degré élémentaire. *Théorie et exercices.* In-12, cart. » **80**
— **intermédiaire** *Théorie et exercices.* In-12, cart. **1 25**
— **supérieur.** *Théorie et exercices.* In-12, cart. **1 50**